Mix
Genuss
AF558012
LET'S
GRILL!

KAPITELÜBERSICHT

Was wäre Grillen ohne die leckeren Beilagen wie Zupfbrote, Nudelsalate und cremige Saucen?
Wir alle lieben die Vielfalt auf einer Grillparty, weshalb in diesem Buch eine besonders große Auswahl zu finden ist.
Natürlich gibt es aber auch kreative Rezeptideen für Fleisch und Fisch mit passenden Marinaden zu entdecken.

KAPITEL 1

Brote und Beilagen

KRÄUTER-KNOBLAUCH-BRÖTCHEN AUS DEM OFEN

10–12 PORTIONEN

ZUBEHÖR: RUNDE AUFLAUFFORM, ∅ ca. 24 cm

FÜR DEN TEIG

150 g Wasser
10 g frische Hefe
1 EL Olivenöl
1 TL Salz
250 g Weizenmehl, Type 405

ZUM BESTREICHEN

3 Knoblauchzehen
25 g Butter
etwas Petersilie, gehackt
etwas Salz

ZUBEREITUNG

Wasser und Hefe in den Mixtopf geben und **2 Min./37°C/Stufe 1** erwärmen. Restliche Teigzutaten zugeben und **2 Min./Teigstufe** kneten. Teig an einem warmen Ort abgedeckt 45 Min. gehen lassen.

Den Teig in 10–12 kleine Portionen teilen (etwas Mehl zu Hilfe nehmen) und mit etwas Abstand in eine gefettete Form geben. Backofen auf 200°C Umluft vorheizen. Nochmal etwas gehen lassen, bis der Backofen vorgeheizt ist.

Knoblauchzehen in den Mixtopf geben und **5 Sek./Stufe 6** zerkleinern. Butter zugeben und **3 Min./80°C/Stufe 1** schmelzen. Die Hälfte davon auf die Brötchen streichen und im Backofen ca. 20 Min. backen.

Nach dem Backen direkt mit restlicher Knoblauchbutter bestreichen und mit Petersilie bestreuen. Noch etwas Salz darüber streuen und servieren.

Pro Portion (12):
101 kcal · 15 g KH · 2 g EW · 3 g Fett

PIZZA Monkey Bread

Gehzeit 45 MIN.

Zubereitung 20 MIN.

Backzeit 30 MIN.

8 PORTIONEN

ZUBEHÖR: GUGELHUPFFORM

FÜR DEN TEIG

150 g	Wasser
10 g	frische Hefe
1 EL	Olivenöl
1 TL	Salz
250 g	Weizenmehl, Type 405

AUSSERDEM

80 g	Salami (z.B. Peperonisalami)
150 g	Mozzarella, gerieben
2 EL	Olivenöl

TIPP! Wer möchte, kann anstatt Salami auch Schinken verwenden.

ZUBEREITUNG

Wasser und Hefe in den Mixtopf geben und **2 Min./37°C/Stufe 1** erwärmen. Restliche Teigzutaten zugeben und **2 Min./Teigstufe** kneten. Teig an einem warmen Ort abgedeckt 45 Min. gehen lassen.

Backofen auf 180°C Umluft vorheizen. Den Teig in ca. 20 kleine Portionen teilen (etwas Mehl zu Hilfe nehmen). Gugelhupfform einfetten und Teigkugeln im Wechsel mit Salami und geriebenem Käse in die Form schichten. Zum Schluss etwas Olivenöl darauf geben und im vorgeheizten Backofen ca. 30 Min. backen.

Pro Portion:
257 kcal · 23 g KH · 10 g EW · 13 g Fett

KÄSE-KNOBLAUCH-BRÖTCHEN VOM GRILL

Zubereitung 20 MIN.

Grillzeit 10 MIN.

4 PORTIONEN

ZUTATEN

4	Brötchen
180 g	Raclettekäse
1	Knoblauchzehe
1 Handvoll Petersilie	
50 g	Butter
etwas	Salz

TIPP

Wer möchte, kann auch ein Baguette nehmen.

ZUBEREITUNG

Brötchen gitterförmig einschneiden, jedoch nicht durchschneiden.
Käse in kleine Streifen schneiden und in die Schlitze der Brötchen stecken (siehe Bild).

Knoblauch und Petersilie im Mixtopf **5 Sek./Stufe 6** zerkleinern. Butter und etwas Salz zugeben und **5 Min./100°C/Stufe 1** schmelzen. Die Brötchen auf ein Stück Alufolie (ca. 25x25 cm) setzen und mit der Buttermischung bestreichen. Dann mit der Folie verschließen und ca. 10 Min. bei indirekter Hitze grillen.

Alternativ: Die Päckchen auf ein Backblech setzen und im vorgeheizten Backofen bei 200°C Umluft 15 Min. backen.

Pro Portion:
428 kcal · 38 g KH · 16 g EW · 25 g Fett

OVERNIGHT Focaccia mit Pesto

8 PORTIONEN

ZUBEHÖR: BACKFORM
(20 x 30 cm)

FÜR DEN TEIG

300 g Wasser
1 geh. TL Salz
15 g Olivenöl
1 TL Trockenhefe
400 g Weizenmehl, Type 405

AUSSERDEM

80 g rotes Pesto
75 g Oliven, entsteint
2-3 EL Olivenöl
etwas grobes Meersalz

ZUBEREITUNG

Alle Teigzutaten in den Mixtopf geben und **30 Sek./Stufe 4-5** verrühren (Teig ist sehr weich!). Teig im Mixtopf an einem warmen Ort abgedeckt 45 Min. gehen lassen. Danach in eine Schüssel umfüllen und für ca. 24 Std. abgedeckt in den Kühlschrank stellen.

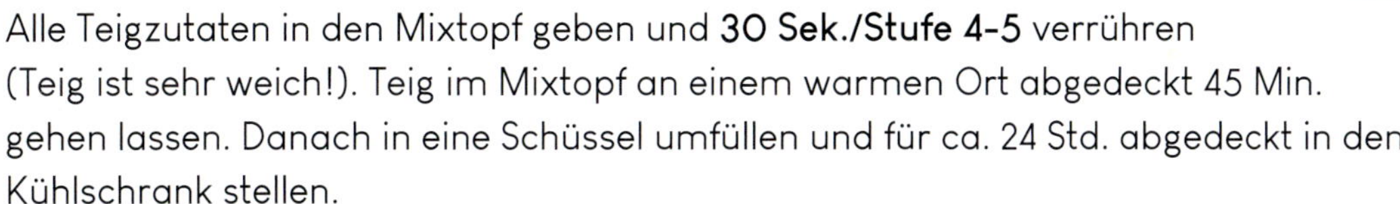

Am nächsten Tag: Teig aus dem Kühlschrank nehmen und 30 Min. bei Zimmertemperatur ruhen lassen.

Backofen auf 200°C Umluft vorheizen. Eine kleine Metallbackform (ca. 20 x 30 cm) mit Öl auspinseln und Teig hineingeben. Etwas Öl auf die Hände geben und den Teig in Form ziehen. Sobald der Teig gleichmäßig in der Form liegt, Pesto klecksartig darauf verteilen und mit Oliven belegen. Diese etwas in den Teig drücken. Noch etwas Olivenöl darüber geben und mit Salz bestreuen. Focaccia im vorgeheizten Backofen auf dem Rost ca. 20 Min. backen.

HINWEIS: Wer keine Backform besitzt, kann die Focaccia auch einfach auf einem Backblech backen. Dann aber den Teig auf die Größe 20 x 30 cm formen.

Pro Portion:
267 kcal · 37 g KH · 6 g EW · 10 g Fett

Gehzeit
45 MIN.
Zubereitung
25 MIN.
Backzeit
15 MIN.
GEFÜLLTE
SESAMSTANGEN

4 STANGEN

FÜR DEN TEIG

150 g Wasser
10 g frische Hefe
1 EL Olivenöl
1 TL Salz
250 g Weizenmehl, Type 405

FÜR DIE FÜLLUNG

1 Knoblauchzehe
1 Handvoll Petersilie
150 g Fetakäse
150 g Joghurt, griech. Art
etwas Salz & Pfeffer

AUSSERDEM

1 Eigelb
1 EL Joghurt
1 TL schwarzer Sesam
1 TL weißer Sesam

ZUBEREITUNG

Wasser und Hefe in den Mixtopf geben und **2 Min./37°C/Stufe 1** erwärmen. Restliche Teigzutaten zugeben und **2 Min./Teigstufe** kneten. Teig an einem warmen Ort abgedeckt 45 Min. gehen lassen.

Für die Füllung Knoblauch und Petersilie im Mixtopf **5 Sek./Stufe 6** zerkleinern. Feta, Joghurt sowie etwas Salz und Pfeffer zugeben und **10 Sek./Stufe 4** mixen. Backofen auf 200°C Umluft vorheizen. Teig in 4 Portionen teilen und zu länglichen Fladen ausrollen (etwas Mehl zu Hilfe nehmen). Füllung mittig darauf geben und gut verschließen (siehe Bilder). Mit der Naht nach unten auf ein mit Backpapier belegtes Backblech geben. Eigelb mit Joghurt verquirlen und die Stangen damit bestreichen. Mit Sesam bestreuen und im vorgeheizten Backofen 15 Min. backen.

Pro Stange:
432 kcal · 48 g KH · 17 g EW · 18 g Fett

Knusper-Baguettes
Ruhezeit
24 STD.
Zubereitung
20 MIN.
Backzeit
25 MIN.
TEIG AM VORTAG ZUBEREITEN
LECKERE VARIANTE: GEFÜLLT MIT TOMATEN UND OLIVEN

2 BAGUETTES

FÜR DEN VORTEIG

250 g Wasser, lauwarm
5 g frische Hefe
250 g Weizenmehl, Type 405

FÜR DEN TEIG

250 g Weizenmehl, Type 405
50 g Wasser
5 g frische Hefe
10 g Salz
15 g Olivenöl

TIPP! Wer möchte, kann klein geschnittene Oliven und getrocknete Tomaten (je 50 g) mit in den Teig geben.

ZUBEREITUNG

Am Vortag mit der Teigzubereitung beginnen. 250 g Wasser mit 5 g Hefe und 250 g Mehl zu einem Brei verrühren. Luftdicht verschlossen bis zum nächsten Tag in den Kühlschrank stellen.

Am nächsten Tag den Vorteig und restliche Zutaten für den Teig in den Mixtopf geben und **2 Min./Teigstufe** kneten. Teig in eine Schüssel umfüllen und abgedeckt ca. 1 Std. gehen lassen.

Backofen auf 220°C Ober-/Unterhitze (200°C Umluft) vorheizen. Teig auf eine leicht bemehlte Arbeitsfläche geben und in zwei Stücke teilen. Daraus zwei Baguettes formen und jeweils ineinander verdehen.

Baguettes auf ein mit Backpapier belegtes Backblech geben und im vorgeheizten Backofen ca. 25 Min. backen.

Pro Portion (6):
167 kcal · 30 g KH · 4 g EW · 3 g Fett

Zubereitung 25 MIN.

Backzeit 15 MIN.

Caprese-Baguette aus dem Ofen

6 PORTIONEN

ZUTATEN

1 gr. Stangenbaguette
1 Kugel Mozzarella (125 g)
1 gr. Tomate
1 Handvoll Basilikumblätter

ZUM BESTREICHEN

1 Knoblauchzehe
1 EL Olivenöl
1 EL Chiliöl
1 TL Kräuter d. Provence, getr.
etwas Salz

TIPP! Das Baguette lässt sich auch schon 2-3 Std. vorher füllen. Bitte dann im Kühlschrank aufbewahren.

ZUBEREITUNG

Baguette mit einem scharfen Zackenmesser einschneiden, allerdings nicht ganz durchschneiden. Mozzarella und Tomaten in Scheiben schneiden und abwechselnd in die Schlitze des Baguettes füllen. In jeden 2. Schlitz ein Basilikumblatt stecken.

Backofen auf 200°C Umluft vorheizen.
Knoblauch im Thermomix **5 Sek./Stufe 6** hacken. Olivenöl, Chiliöl, Kräuter und Salz zugeben und **5 Sek./Stufe 3** mischen. Das Baguette damit bestreichen und anschließend zuerst in Backpapier und dann in Alufolie einwickeln. Baguette im vorgeheizten Backofen 15 Min. backen.

Wer mag, kann das Baguette auch bei indirekter Hitze auf den Grill legen.

Pro Portion:
246 kcal · 33 g KH · 9 g EW · 9 g Fett

– 4 Portionen –

GEGRILLTER Spargel

Zubereitung 25 MIN.

Grillzeit 10 MIN.

ZUTATEN

400 g grüner Spargel
1 Knoblauchzehe
50 g getr. Tomaten, in Öl
2 EL Olivenöl
2 EL Balsamicoessig, dunkel
1 EL Parmesan, gerieben
2 EL Mandelblättchen
etwas Salz & Pfeffer

ZUBEREITUNG

Vom Spargel die unteren Enden abschneiden und die Stangen auf dem Grill ca. 5–10 Min. grillen. Dabei öfter wenden. Für die Marinade Knoblauch und getrocknete Tomaten im Mixtopf **5 Sek./Stufe 5** hacken. Olivenöl und Balsamicoessig zugeben und **3 Sek./Stufe 3** mischen. Den gegrillten Spargel auf eine Platte geben und mit Marinade bedecken. Mit Parmesan und Mandelblättchen bestreuen und mit Salz und Pfeffer würzen.

Pro Portion:
179 kcal · 8 g KH · 6 g EW · 13 g Fett

ZUBEHÖR: AUFLAUFFORM ø ca. 24 cm

– 4 Portionen –

Zubereitung 15 MIN.

Backzeit 15 MIN.

OFENFETA MIT PEPERONI

ZUTATEN

2	Fetakäse (à 180 g)
100 g	Cocktailtomaten
1/2 kl.	Zwiebel
5	eingelegte Peperoni, mild
50 g	Oliven, entsteint
3	Knoblauchzehen
40 g	Olivenöl
etwas	Kräutersalz
etwas	Pfeffer, gem.
etwas	Petersilie, gehackt

ZUBEREITUNG

Backofen auf 220°C Ober-/Unterhitze (200°C Umluft) vorheizen.
Fetakäse nebeneinander in eine Auflaufform legen. Cocktailtomaten halbieren und daneben platzieren. Zwiebel in Ringe schneiden und zusammen mit Peperoni und Oliven mit in die Form geben.

Knoblauchzehen in den Mixtopf geben und **5 Sek./Stufe 6** hacken. Öl zugeben und **2 Min./Varoma/Stufe 1** dünsten. Öl über dem Feta verteilen und alles mit Kräutersalz und etwas Pfeffer würzen. Fetakäse im vorgeheizten Backofen ca. 15 Min. backen. Nach dem Backen mit gehackter Petersilie bestreuen.

Pro Portion:
333 kcal · 3 g KH · 16 g EW · 28 g Fett

ONE POT Djuvec-Reis

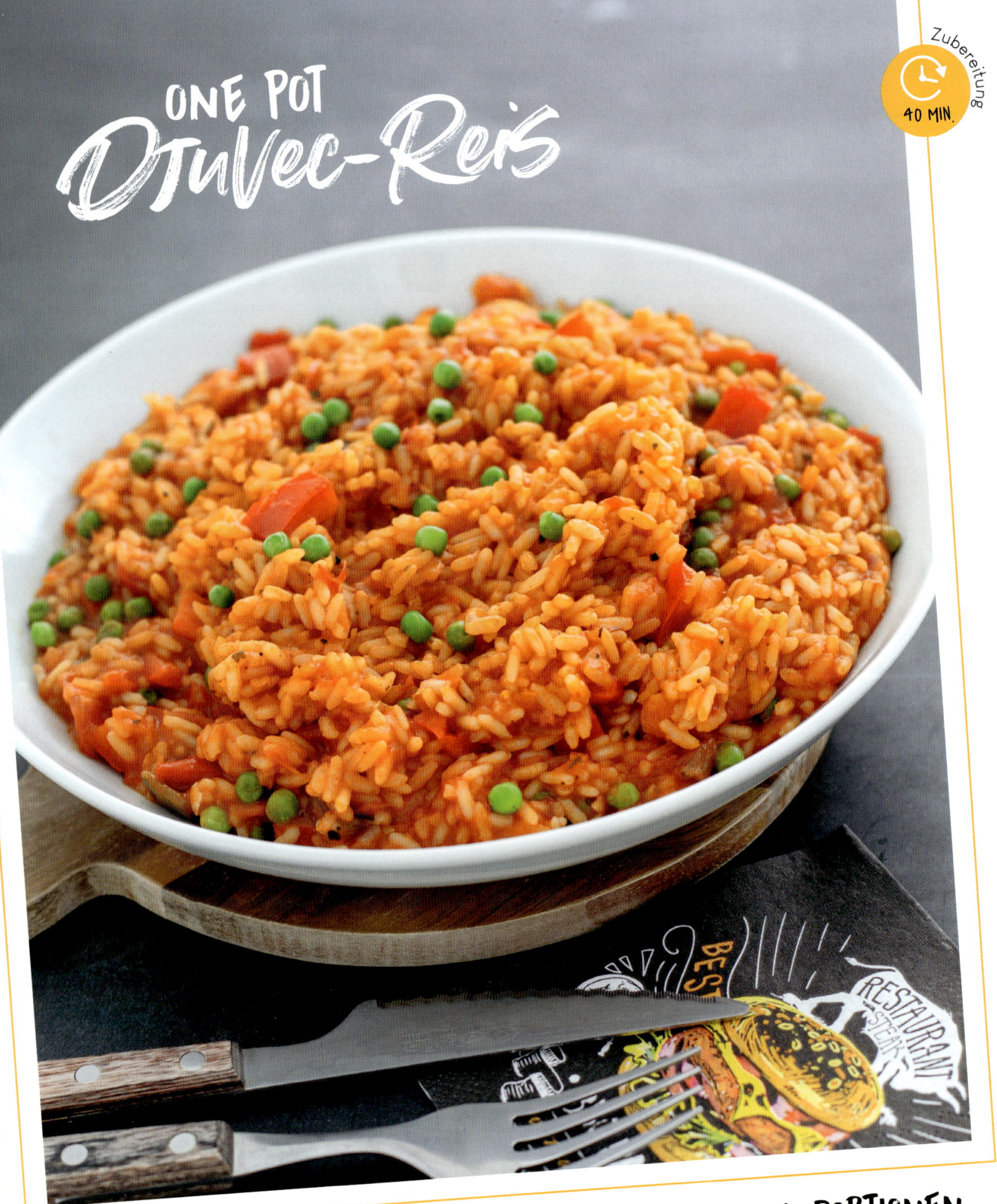

Zubereitung 40 MIN.

4 PORTIONEN

ZUTATEN

2	Knoblauchzehen
1	Zwiebel
125 g	rote Paprika
30 g	Butter
200 g	Tomaten
200 g	Langkornreis
40 g	Tomatenmark
1 EL	Gemüsebrühpulver
300 g	Wasser, lauwarm
75 g	Ajvar
1/2 TL	Salz
etwas	Pfeffer, frisch gem.
1 TL	Paprikapulver, edelsüß
80 g	TK-Erbsen

ZUBEREITUNG

Knoblauchzehen und Zwiebel im Mixtopf **5 Sek./Stufe 5** zerkleinern. Paprika in kleine Würfel schneiden und zugeben. Butter hinzufügen und das Ganze **3 Min./100°C/Sanftrührstufe** vorgaren. In der Zwischenzeit Tomaten würfeln sowie Reis in ein Sieb einwiegen und unter fließendem Wasser gut waschen.

Tomatenwürfel, Reis und Tomatenmark zugeben und **2 Min./Varoma/Stufe 0.5** anschwitzen. Gemüsebrühpulver, Wasser, Ajvar sowie Salz, Pfeffer und Paprikapulver zugeben und **20 Min./100°C/Sanftrührstufe** garen. Erbsen mit heißem Wasser abbrausen, dann unter den Reis heben und mit geschlossenem Deckel den Reis 5 Min. quellen lassen.

Pro Portion:
331 kcal · 52 g KH · 7 g EW · 9 g Fett

BUNTE Gemüse-Spiesse

Zubereitung 15 MIN.

Grillzeit 10 MIN.

6 SPIESSE

ZUBEHÖR: 6 SPIESSE

ZUTATEN

1	Süßkartoffel
1 kl.	Zucchini
1	rote Zwiebel
1	rote Paprika
1/2	grüne Paprika

FÜR DIE MARINADE

1	Knoblauchzehe
1 Handvoll Petersilie	
3 EL	Öl
1 TL	Tahin (Sesampaste)
1 EL	Ketjap manis (süße Sojasauce)
1 TL	Currypulver
1 EL	Limettensaft
etwas	Salz & Pfeffer

ZUBEREITUNG

Das Gemüse in mundgerechte Stücke schneiden.
Alles im Wechsel auf 6 Spieße stecken.

Für die Marinade Knoblauch und Petersilie im Mixtopf **5 Sek./Stufe 6** hacken. Restliche Zutaten für die Marinade zugeben und **10 Sek./Stufe 3** mixen. Die Spieße mit der Marinade bepinseln.

Gemüsespieße auf den Grillrost legen und für etwa 8–10 Min. grillen. Spieße regelmäßig umdrehen, damit das Gemüse gleichmäßig gart und eine leichte Bräunung erhält.

Pro Portion:

139 kcal · 15 g KH · 2 g EW · 8 g Fett

Ofen-Kartoffeln

4 PORTIONEN

ZUTATEN

1 kg	kleine Kartoffeln (Drillinge)
2 EL	Olivenöl
1/2 TL	Salz
1/4 TL	Pfeffer, gem.
1 TL	Paprikapulver, edelsüß
1 TL	Currypulver
1 TL	Oregano, getr.
1 TL	Knoblauchpulver o. Zwiebelpulver

ZUBEREITUNG

Backofen auf 200°C Umluft vorheizen.
Kartoffeln waschen, trocknen und halbieren oder ggf. vierteln.
In eine Schüssel geben und mit Öl und Gewürzen vermengen.
Auf ein Backblech geben und im vorgeheizten Backofen ca. 20–25 Min. backen.

Ofenkartoffeln sind eine beliebte Beilage zum Grillen.
Hierzu passt sehr gut Knoblauchsauce oder Kräuterquark.

Pro Portion:
251 kcal · 40 g KH · 6 g EW · 8 g Fett

ZUBEHÖR: 6 SPIESSE

– 6 Portionen –

GEGRILLTE Champignonspiesse

ZUTATEN

450 g	kl. Champignons
2	Knoblauchzehen
50 g	Öl
50 g	Sojasauce
1 TL	Worcestersauce
1 EL	Zitronensaft
1 TL	Pizzagewürz
etwas	Salz & Pfeffer

ZUBEREITUNG

Für die Marinade Knoblauchzehen im Mixtopf **5 Sek./Stufe 5** hacken. Restliche Zutaten (außer Pilze) zugeben und **10 Sek./Stufe 5** mixen.

Pilze in eine Schüssel geben und gut mit der Marinade vermengen. Mind. 4–5 Std. im Kühlschrank marinieren lassen.

Dann auf 6 Spieße stecken und bei indirekter Hitze ca. 5–10 Min. grillen. Dabei öfter wenden.

Pro Portion:
92 kcal · 2 g KH · 3 g EW · 8 g Fett

ZUBEHÖR: 5 SPIESSE

– 5 Portionen –

GEGRILLTE Mango-Halloumi-Spiesse

ZUTATEN

1 kl.	Zucchini
1 TL	Salz
1 TL	Zucker
200 g	Mango
250 g	Halloumi (Grillkase)
etwas	Pfeffer, gem.
1 EL	Öl
1 TL	Honig
1 TL	Thymian
etwas	Chiliflocken

ZUBEREITUNG

Zucchini der Länge nach in dünne Scheiben hobeln. Mit Zucker und Salz in eine Schüssel geben. Gut vermischen und 10 Min. ziehen lassen.

Mango und Halloumi in Würfel schneiden. Zucchini auf einem Küchenkrepp trocknen, aufrollen und im Wechsel mit Käse und Mango aufspießen, mit etwas Pfeffer würzen. Öl, Honig, Thymian und Chili vermengen und die Spieße damit bestreichen. Auf dem Grill ca. 5 Min. bei direkter Hitze grillen und dabei immer wieder wenden.

Pro Portion:
304 kcal · 9 g KH · 18 g EW · 22 g Fett

– 4 Portionen –

CHILI-HONIG-Karotten

ZUTATEN

5-6	Karotten
1 TL	Honig
1 EL	Öl
1 TL	Thymian
1 TL	Knoblauchpulver
1 TL	Chiliflocken
1/2 TL	Salz
etwas	Pfeffer, gem.

ZUBEREITUNG

Backofen auf 200°C Ober-/Unterhitze (200°C Umluft) vorheizen.
Karotten schälen und der Länge nach vierteln. Zusammen mit allen Zutaten in eine Schüssel geben und gut vermengen.

Auf einem Backblech verteilen und für 15-20 Min. in den Backofen geben.

Schmecken warm, aber auch kalt.

Pro Portion:
102 kcal · 12 g KH · 2 g EW · 4 g Fett

ZUBEHÖR: 6 SPIESSE

– 6 Portionen –

GEGRILLTE BBQ-ZWIEBELN

Marinierzeit 1 STD.
Zubereitung 10 MIN.
Grillzeit 8 MIN.

ZUTATEN

2 gr.	Gemüsezwiebeln
1 EL	Tomatenketchup
1 EL	BBQ-Sauce
1/2 TL	Salz
2 EL	Olivenöl
1 TL	Honig
1 TL	Balsamicoessig

ZUBEREITUNG

Gemüsezwiebeln je in 6 fingerdicke Scheiben schneiden und immer 2 Stück aufspießen. Zutaten für die Marinade verrühren und die Scheiben damit bepinseln. 1 Std. ziehen lassen.

Dann auf dem Grill bei mittlerer Hitze von jeder Seite ca. 4 Min. grillen.

Pro Portion:
71 kcal · 5 g KH · 1 g EW · 5 g Fett

KAPITEL 2

Salate und Dressings

Bunter Reissalat

4 Portionen

Zubereitung 40 Min.

Kühlzeit 2–3 Std.

ZUTATEN

200 g	Langkornreis
1.200 g	Wasser
100 g	TK-Erbsen
1 Dose	Mais (Abtr.gew. 140 g)
1	rote Paprika
1	grüne Spitzpaprika

FÜR DAS DRESSING

1	Knoblauchzehe
1	Zwiebel, halbiert
20 g	Olivenöl
2 TL	Currypulver
1 TL	Paprikapulver, edelsüß
1/2 TL	Salz
1 TL	Gemüsebrühpulver
50 g	Wasser
1 EL	Sojasauce
100 g	Salatmayonnaise

TIPP
Kann am Vortag zubereitet werden!

ZUBEREITUNG

Reis in den Gareinsatz einwiegen und unter laufendem Wasser gut waschen. 1.200 g Wasser in den Mixtopf einfüllen, Gareinsatz einsetzen und Reis **20 Min./Varoma/Stufe 1** garen. Danach in eine Schüssel füllen, dabei die Garflüssigkeit im Mixtopf lassen. Erbsen in den Gareinsatz geben und **5 Min./Varoma/Stufe 1** garen. Kalt abschrecken und zum Reis geben. Mixtopf leeren, spülen und trocknen. Mais absieben, Paprika klein würfeln und beides mit in die Schüssel geben.

Für das Dressing Knoblauch und Zwiebel im Mixtopf **5 Sek./Stufe 5** hacken. Öl zugeben und **2 Min./Varoma/Stufe 1** dünsten. Restliche Dressingzutaten (außer Mayonnaise) zugeben und **3 Min./100°C/Stufe 1** erhitzen. Über den Salat geben, Mayonnaise zugeben und alles gut vermengen. Vollständig abkühlen lassen und im Kühlschrank mind. 2-3 Std. durchziehen lassen.

Pro Portion:
431 kcal · 55 g KH · 8 g EW · 19 g Fett

GREEN GODDESS SALAD

Zubereitung 20 MIN.

6 PORTIONEN

ZUTATEN

1/2	Spitzkohl
1	Salatgurke
2	Frühlingszwiebeln
3-4 EL	Salatkerne

FÜR DAS DRESSING

1 Handvoll Basilikumblätter

2	Knoblauchzehen
1	Avocado
40 g	Olivenöl
4 EL	Parmesan, gerieben
20 g	Balsamicoessig, hell
1	Zitrone, Saft davon
etwas	Salz & Pfeffer

TIPP! Der Salat kann bereits 2-3 Std. vorher zubereitet werden.

ZUBEREITUNG

Kohl mit einer Reibe fein hobeln. (Wer den Wunderslicer besitzt, kann den Kohl mit der feinen Schneidscheibe schneiden). Gurke und Frühlingszwiebeln klein schneiden und zusammen mit dem geschnittenen Kohl in eine Schüssel geben.

Für das Dressing Basilikumblätter und Knoblauch im Mixtopf
5 Sek./Stufe 6 hacken. Avocado zugeben und **4 Sek./Stufe 5** zerkleinern.
Restliche Dressingzutaten zugeben und **30 Sek./Stufe 3** mixen.
Über den Salat geben und mit den Händen gut durchkneten.
Salatkerne untermischen und servieren.

Pro Portion:
268 kcal · 8 g KH · 8 g EW · 17 g Fett

3 PORTIONEN

ZUTATEN

1	Aubergine
150 g	Kichererbsen (Dose)
1 TL	Paprikapulver, edelsüß
1/2 TL	Kurkuma, gem.
1 TL	Knoblauchpulver
3 EL	Öl
250 g	Cocktailtomaten

FÜR DAS DRESSING

1 kl.	rote Zwiebel
ein paar Minzblätter	
1 EL	Olivenöl
1 EL	Sesam, geröstet
1 EL	Weißweinessig
1 TL	Agavendicksaft (o. Honig)
etwas	Salz & Pfeffer

ZUBEREITUNG

Backofen auf 180°C Umluft vorheizen.
Aubergine klein würfeln. Zusammen mit den abgetropften Kichererbsen, Paprikapulver, Kurkuma, Knoblauchpulver und Öl in eine Schüssel geben und gut vermengen. Auf ein mit Backpapier belegtes Backblech geben und im Ofen ca. 20-25 Min. rösten. Abkühlen lassen und in eine Schüssel geben. Tomaten würfeln und zugeben.

Für das Dressing Zwiebel und Minze im Mixtopf **5 Sek./Stufe 5** hacken. Restliche Dressingzutaten zugeben und **5 Sek./Stufe 3** mischen. Über den Salat geben, gut vermengen und servieren.

Pro Portion:
317 kcal · 19 g KH · 7 g EW · 22 g Fett

GURKEN-AVOCADO-SALAT

Zubereitung 25 MIN.

4 PORTIONEN

ZUTATEN

1	Salatgurke
2	Avocados
1 EL	Limettensaft
150 g	Cocktailtomaten
etwas	Basilikumblätter

FÜR DAS DRESSING

1	Knoblauchzehe
1/2	Zwiebel
20 g	Olivenöl
1 EL	Limettensaft
1 Prise	Zucker
1 EL	Balsamicoessig, hell
etwas	Salz & Pfeffer

TIPP! Der Salat kann gut vorbereitet werden. Das Dressing aber erst vor dem Servieren darüber geben und vermengen.

ZUBEREITUNG

Gurke würfeln. Avocados klein schneiden und mit Limettensaft mischen. Somit werden sie nicht braun. Tomaten halbieren oder vierteln. Basilikumblätter in Streifen schneiden und alles in eine Schüssel geben.

Für das Dressing Knoblauchzehe und Zwiebel in den Mixtopf geben und **5 Sek./Stufe 5** hacken. Mit dem Spatel nach unten schieben.
Öl zugeben und **2 Min./Varoma/Stufe 1** dünsten. Restliche Dressingzutaten zugeben und **10 Sek./Stufe 3** mischen. Mit dem Salat mischen, fertig!

Pro Portion:
350 kcal · 11 g KH · 3 g EW · 21 g Fett

MEDITERRANER ORZO-SALAT

6 PORTIONEN

ZUTATEN

200 g	Orzo-Nudeln
1 EL	Olivenöl
1 EL	rotes Pesto
1 EL	Balsamicoessig, hell
100 g	Rucola
75 g	grüne Oliven, entsteint
200 g	Cocktailtomaten
1 Kugel	Mozzarella (125 g)
30 g	Pinienkerne

FÜR DAS DRESSING

2 EL	Olivenöl
2 EL	Weißweinessig
etwas	Salz
etwas	Pfeffer, gem.
1 EL	Balsamicocreme

TIPP! Der Salat kann gut vorbereitet werden. Das Dressing erst vor dem Servieren darüber geben und vermengen.

ZUBEREITUNG

Nudeln in reichlich Salzwasser garen, abschrecken und in eine Schüssel geben. Mit 1 EL Olivenöl, rotem Pesto und Balsamicoessig mischen. Rucola waschen, trocknen (mit Salatschleuder) und in die Servierschüssel geben. Nudeln, Oliven, halbierte Cocktailtomaten und den in Stücke geschnittenen Mozzarella darauf geben. Pinienkerne in einer Pfanne ohne Fett rösten und darüber streuen.

Für das Dressing alle Zutaten gut verrühren und über den Salat geben. Alles vermengen und servieren.

Pro Portion:
315 kcal · 29 g KH · 10 g EW · 17 g Fett

SALAT-SCHIFFCHEN

Zubereitung 25 MIN.

4 PORTIONEN

ZUTATEN

1/2 Kopf Romanasalat	
200 g	Cocktailtomaten
1	Avocado
1 EL	Limettensaft
150 g	Fetakäse
2 EL	Röstzwiebeln

FÜR DAS DRESSING

1 kl.	rote Zwiebel
125 g	Joghurt, griech. Art
1 EL	Olivenöl
1 EL	Weißweinessig
1 TL	Honig
1 TL	Senf, mittelscharf
etwas	Salz & Pfeffer

TIPP! Wer keinen großen Romanasalat bekommt, kann auch kleine Salatherzen verwenden oder den Salat in einer Schüssel servieren.

ZUBEREITUNG

Vom Salat vier große Blätter beiseitenehmen und auf eine Servierplatte legen. Restlichen Salat in feine Streifen schneiden und in eine Schüssel geben. Cocktailtomaten halbieren und zum Salat geben. Avocado würfeln und mit Limettensaft vermengen. Fetakäse würfeln und alles zum Salat geben.

Für das Dressing Zwiebel im Mixtopf **5 Sek./Stufe 5** hacken. Restliche Dressingzutaten zugeben und **10 Sek./Stufe 3** mischen. Über den Salat geben, gut vermengen und auf die Salatblätter aufteilen. Mit Röstzwiebeln bestreuen und servieren.

Pro Portion:
366 kcal · 11 g KH · 11 g EW · 25 g Fett

MANGO-AVOCADO CAPRESESALAT MIT PESTODRESSING

Zubereitung 20 MIN.

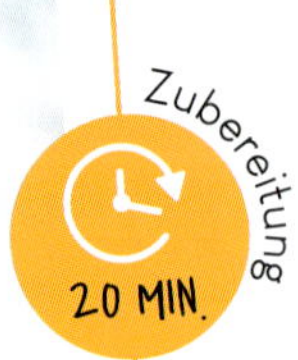

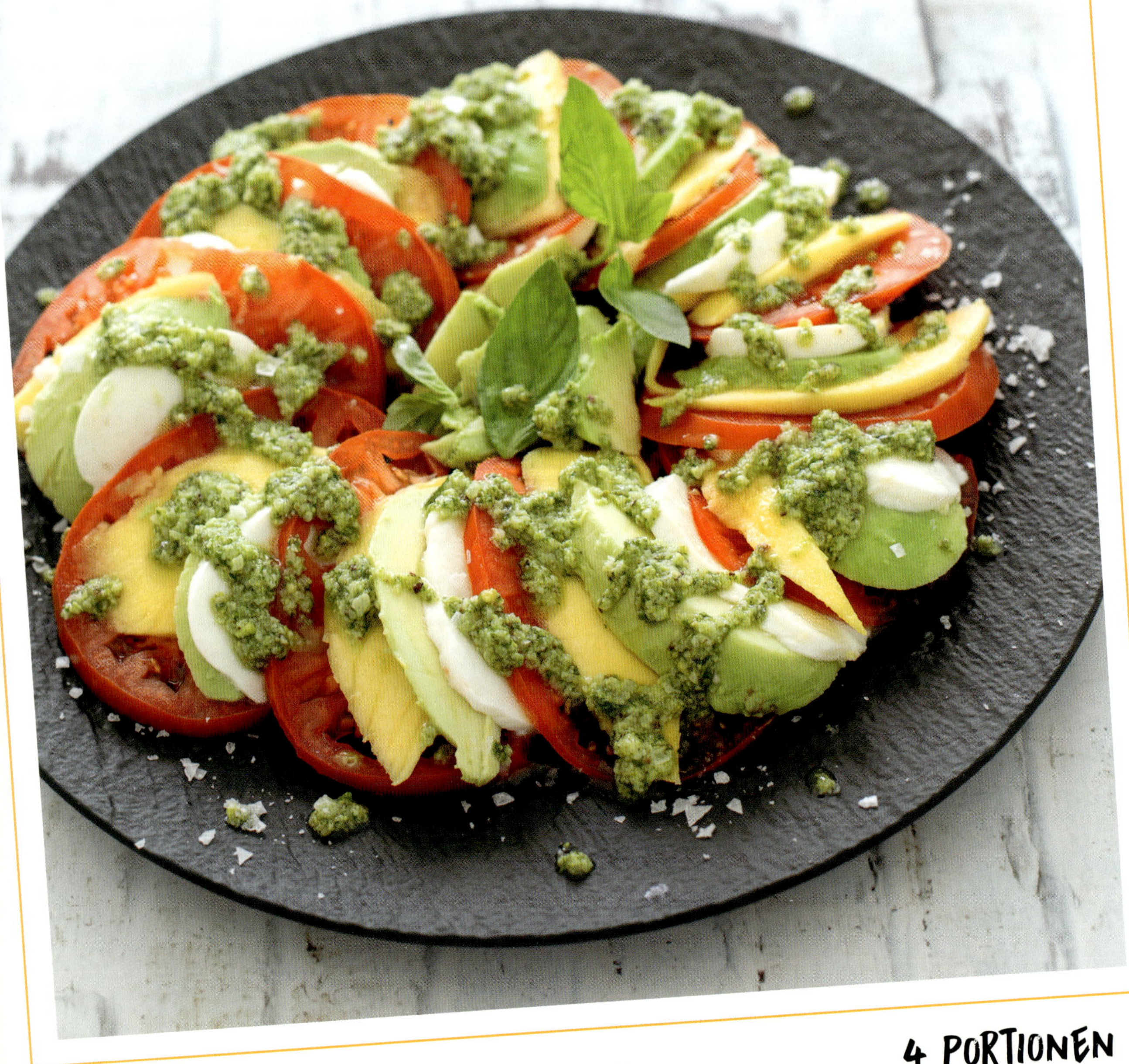

4 PORTIONEN

ZUTATEN

1 gr. Tomate (Ochsenherz)
1 Mango
1 Avocado
1 Kugel Mozzarella (125 g)

FÜR DAS DRESSING

1 gr. Handvoll Basilikumblätter
20 g Pistazienkerne
25 g Parmesan
30 g Olivenöl
20 g Balsamicoessig, hell
etwas Salz & Pfeffer

TIPP! Alternativ kann man auch alles klein würfeln und als Salat in einer Schüssel servieren. Hierfür empfehlen wir Mozzarellabällchen.

ZUBEREITUNG

Tomate, Mango, Avocado und Mozzarella in Scheiben schneiden. Scheiben fächerartig auf einem großen Teller oder Platte anrichten.

Für das Dressing Basilikumblätter, Pistazien und Parmesan in den Mixtopf geben und **10 Sek./Stufe 9** hacken. Restliche Dressingzutaten zugeben und **10 Sek./Stufe 4** mixen. Über den Salat geben und servieren.

Pro Portion:
386 kcal · 13 g KH · 11 g EW · 26 g Fett

AMERICAN PASTA SALAD

4 PORTIONEN

ZUTATEN

250 g Muschelnudeln (o. Hörnchennudeln)
1 Stange Staudensellerie
1 Frühlingszwiebel
2 Eier, hart gekocht

FÜR DAS DRESSING

1 kl. rote Zwiebel
120 g Salatmayonnaise
50 g Crème fraîche
50 g Milch
2 EL Balsamicoessig, hell
1 TL Limettensaft
1/2 TL Worcestersauce
1/2 TL Knoblauchpulver
15 g Senf, mittelscharf
1/2 TL Hot-Sauce (z.B. Tabasco)

TIPP! Sollte der Salat (z.B. am nächsten Tag) zu trocken sein, nochmal etwas Mayonnaise und Milch zugeben.

ZUBEREITUNG

Nudeln in reichlich Salzwasser garen, abschrecken und in eine Schüssel geben. Staudensellerie und Frühlingszwiebel in feine Scheiben schneiden und zu den Nudeln geben. Eier schälen, würfeln und zum Salat geben.

Für das Dressing Zwiebel in den Mixtopf geben und **5 Sek./Stufe 5** zerkleinern. Restliche Dressingzutaten zugeben und **20 Sek./Stufe 3** mixen. Über den Salat geben, vermengen und bis zum Servieren kalt stellen.

Pro Portion:
491 kcal · 53 g KH · 13 g EW · 24 g Fett

GRIECHISCHER BOHNENSALAT

4 PORTIONEN

ZUTATEN

1 Glas weiße Riesenbohnen (Abtr. gew. 400 g)
200 g Cocktailtomaten
150 g Fetakäse
40 g Kalamata-Oliven, entsteint

FÜR DAS DRESSING

1 kl. rote Zwiebel
1 Knoblauchzehe
1 Handvoll Minzblätter
1 Handvoll Petersilie
40 g getr. Tomaten, in Öl
30 g Olivenöl
20 g Rotweinessig
etwas Salz & Pfeffer
etwas Chiliflocken

ZUBEREITUNG

Bohnen absieben, unter fließendem Wasser waschen und in eine Schüssel geben. Cocktailtomaten vierteln, Fetakäse mit den Händen zerbröseln und Oliven in Scheiben schneiden. Alles zu den Bohnen geben.

Für das Dressing Zwiebel, Knoblauch, Minze, Petersilie und getrocknete Tomaten im Mixtopf **6 Sek./Stufe 6** hacken. Olivenöl, Rotweinessig, etwas Salz und Pfeffer sowie nach Belieben Chiliflocken zugeben und **10 Sek./Stufe 3** mischen. Über den Salat geben und gut vermengen.

Pro Portion:
319 kcal · 20 g KH · 15 g EW · 18 g Fett

MEDITERRANER Couscous-Salat

Zubereitung 30 MIN.

4 PORTIONEN

ZUTATEN

600 g	Wasser
1 EL	Gemüsebrühpulver
200 g	Couscous
150 g	Feta
150 g	Cocktailtomaten
50 g	Oliven, entsteint
50 g	getrocknete Tomaten (Softtomaten)
2	Frühlingszwiebeln
1 Handvoll Petersilie	

TIPP! Kann auch schon am Vortag zubereitet werden. Nur die Cocktailtomaten sollten frisch am Tag des Verzehrs zugegeben werden.

30 g	Olivenöl
25 g	Apfelessig
1 EL	Zitronensaft
1/2 TL	Salz
1/4 TL	Pfeffer, gem.

ZUBEREITUNG

Wasser und Gemüsebrühpulver in den Mixtopf geben und **10 Min./100°C/Stufe 1** aufkochen. Couscous in eine Schüssel einwiegen, mit kochendem Wasser übergießen und vermengen. Couscous 10–15 Min. quellen lassen. Abkühlen lassen. Dann mit allen Zutaten für das Dressing gut vermengen.

Feta in Würfel schneiden und Cocktailtomaten vierteln. Oliven und getrocknete Tomaten in Streifen schneiden. Frühlingszwiebeln in Ringe schneiden. Petersilie fein hacken. Alles unter den Couscous geben und vermengen.

Pro Portion:
389 kcal · 40 g KH · 14 g EW · 18 g Fett

– 4 Portionen –

LAUWARMER PAPRIKA-SALAT

ZUTATEN

2	Paprika-Mix (à 500 g)
1 EL	Sojasauce
1 EL	Balsamicoessig
3 EL	Olivenöl
etwas	Salz & Pfeffer
150 g	Fetakäse (altern. Mozzarella)
30 g	Pinienkerne
4 EL	Weißweinessig

ZUBEREITUNG

Backofen auf 200°C Umluft vorheizen. Jede Paprika in ca. 5-6 Spalten schneiden. Diese mit Sojasauce, Balsamicoessig, 2 EL Olivenöl und etwas Salz und Pfeffer marinieren. Auf ein Backblech geben und 20 Min. backen. Backofen ausschalten und die Paprika noch 10 Min. ziehen lassen. In dieser Zeit Fetakäse zerbröseln und in eine Schüssel geben. Pinienkerne in einer Pfanne ohne Fett rösten.

Die Paprika aus dem Ofen nehmen und zum Fetakäse geben. Weißweinessig und 1 EL Olivenöl zugeben und vermengen. Auf einer Platte anrichten, mit Pinienkernen bestreuen und nochmal mit Salz und Pfeffer würzen.

Pro Portion:
308 kcal · 14 g KH · 11 g EW · 22 g Fett

– 3 Portionen –

KARTOFFEL-GURKEN-SALAT

ZUTATEN

400 g	Kartoffeln, festk.
1/2	Salatgurke
5-6	Radieschen
etwas	Dill

FÜR DAS DRESSING

50 g	Frischkäse
50 g	Sahne
1 TL	Olivenöl
2 EL	Weißweinessig
1 TL	Senf, mittelscharf
etwas	Salz & Pfeffer

Zubereitung 60 MIN.

ZUBEREITUNG

Kartoffeln in den Varoma legen. 500 g Wasser in den Mixtopf einfüllen. Mixtopfdeckel auflegen, Varoma aufsetzen und die Kartoffeln **30 Min./Varoma/Stufe 1** garen. Danach vollständig abkühlen lassen. (Kann man bereits am Vortag machen.)

Gekochte Kartoffeln schälen und in Scheiben schneiden. Gurke schälen, vierteln und in Scheiben schneiden. Radieschen fein hobeln. Alles zusammen mit gehacktem Dill in eine Schüssel geben. Dressingzutaten verrühren und über den Salat geben.
Alles gut vermengen und mit Salz und Pfeffer abschmecken.

Pro Portion:
221 kcal · 23 g KH · 5 g EW · 11 g Fett

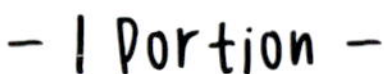

Zubereitung
5 MIN.

ZUTATEN

50 g	Orangensaft
60 g	Öl, neutral
40 g	Apfelessig
1 TL	Honig
1 EL	Wasser
etwas	Salz & Pfeffer
etwas	Vanillearoma

ZUBEREITUNG

Alle Zutaten in einem Glas verrühren. Ausreichend für eine Schüssel gemischten Salat.

TIPP! Das Dressing eignet sich auch hervorragend für eine große Schüssel Tomatensalat. Geben Sie noch gehackte Zwiebel und Kräuter dazu!

Gesamt:
539 kcal · 10 g KH · 1 g EW · 55 g Fett

– 1 Portion –

APFEL-DRESSING

Zubereitung
5 MIN.

ZUTATEN

100 g Apfel
1 Knoblauchzehe
50 g Olivenöl
40 g Apfelessig
50 g Wasser
1 EL Honig
etwas Salz & Pfeffer

ZUBEREITUNG

Knoblauch und Apfel in Stücken in den Mixtopf geben und **5 Sek./Stufe 6** hacken. Restliche Zutaten zugeben und **20 Sek./Stufe 8** mixen. Fertig!

Reicht für eine Schüssel gemischten Salat.

Gesamt:
545 kcal · 28 g KH · 1 g EW · 46 g Fett

– 1 Portion –

FRENCH DRESSING

Zubereitung 5 MIN.

ZUTATEN

1	Knoblauchzehe
1 Handvoll Dill	
50 g	Naturjoghurt, 3,8%
20 g	Öl
30 g	Mayonnaise
1 TL	Senf, mittelscharf
1 TL	Tomatenketchup
1 Prise	Zucker
2 EL	Weißweinessig
etwas	Salz & Pfeffer

ZUBEREITUNG

Knoblauch und Dill in den Mixtopf geben und **5 Sek./Stufe 6** hacken. Restliche Zutaten zugeben und **10 Sek./Stufe 4** mixen. Fertig!

Ausreichend für eine kleine Schüssel Salat. Rezept kann verdoppelt werden.

Gesamt:
444 kcal · 9 g KH · 3 g EW · 43 g Fett

– 1 Portion –

JOGHURT-KRÄUTER-DRESSING

Zubereitung 5 MIN.

ZUTATEN

1 Knoblauchzehe
20 g Zwiebel
1 Handvoll Petersilie
1 Handvoll Dill
100 g Naturjoghurt, 3,8%
25 g Öl
2 EL Weißweinessig
1 TL Ahornsirup
1 TL Gemüsebrühpulver
40 g Wasser
etwas Salz & Pfeffer
1/2 TL Paprikapulver, edelsüß

ZUBEREITUNG

Knoblauch, Zwiebel, Petersilie und Dill in den Mixtopf geben und **5 Sek./Stufe 6** hacken. Restliche Zutaten zugeben und **10 Sek./Stufe 4** mixen. Fertig! Ausreichend für einen Salatkopf.

Gesamt:
330 kcal · 15 g KH · 5 g EW · 27 g Fett

KAPITEL 3

Fleisch und Marinaden

Souvlaki Spiesse

6 SPIESSE

ZUBEHÖR: 6 SPIESSE

ZUTATEN

500-600 g Schweinelachs,
(ca. 1,5-2 cm dicke Scheiben)

FÜR DIE MARINADE

2	Knoblauchzehen
30 g	Olivenöl
1 kl.	Zitrone, Saft davon
1 TL	Oregano, getr.
1/2 TL	Salz
1/2 TL	weißer Pfeffer, gem.

TIPP! Dazu passen sehr gut ein griechischer Salat, Zaziki und Djuvec-Reis (siehe S. 22).

ZUBEREITUNG

Fleisch in quadratische Stücke schneiden.

Knoblauchzehen im Mixtopf **5 Sek./Stufe 5** zerkleinern. Restliche Zutaten für die Marinade zugeben und **10 Sek./Stufe 3** mixen. Zusammen mit dem Fleisch in eine Schüssel geben, gut vermengen und 2-4 Std. im Kühlschrank marinieren. 1 Std. vor dem Grillen herausnehmen, damit das Fleisch Zimmertemperatur hat.

Fleisch auf Spieße stecken und auf dem Grill bei direkter Hitze ca. 250°C pro Seite 3-4 Min. grillen.

Pro Spieß:
152 kcal · 2 g KH · 21 g EW · 6 g Fett

GRILLED BBQ Donuts

Zubereitung
25 MIN.

Grillzeit
20 MIN.

6 STÜCK

ZUTATEN

100 g Cheddarkäse
1 Knoblauchzehe
25 g Zwiebel
500 g Rinderhackfleisch
1/2 TL Salz
1/4 TL Pfeffer, gem.
1/2 TL Paprikapulver, edelsüß
1/2 TL Currypulver
300 g geräucherter Schinken, in Scheiben

FÜR DIE GLASUR

2 EL BBQ-Sauce
1 EL Honig

ZUBEREITUNG

Cheddar in Stücken in den Mixtopf geben. Knoblauch und Zwiebel zugeben und alles **8 Sek./Stufe 6** zerkleinern. Hackfleisch und Gewürze zugeben und **1 Min./Teigstufe** kneten.

Masse aus dem Mixtopf nehmen und in 6 Portionen (à ca. 110 g) teilen. 4-5 Scheiben Schinken auf die Arbeitsfläche legen. Jede Teigportion zu einer Wurst rollen und auf dem Schinken platzieren. Aufrollen und zu einem Donut formen. Das Ende nochmal mit einer Scheibe Schinken umwickeln.

Die Donuts zuerst bei indirekter Hitze 15-20 Min. grillen. Die Kerntemperatur sollte 65°C erreicht haben. Dann bei direkter Hitze knusprig braten. BBQ-Sauce und Honig verrühren und die Donuts damit bestreichen. Nochmal kurz grillen und servieren.

Pro Portion:
314 kcal · 3 g KH · 30 g EW · 20 g Fett

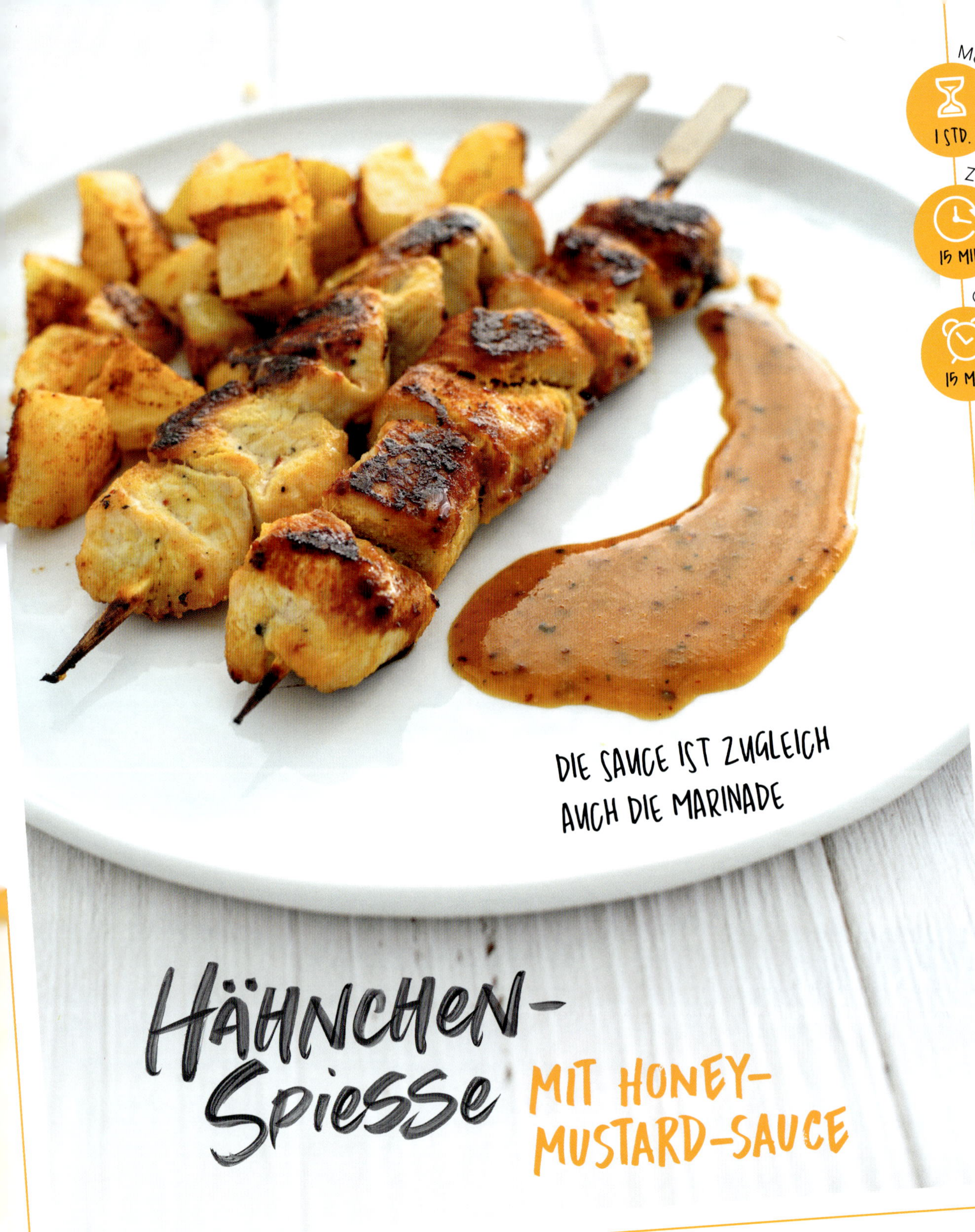

Marinierzeit
1 STD.

Zubereitung
15 MIN.

Grillzeit
15 MIN.

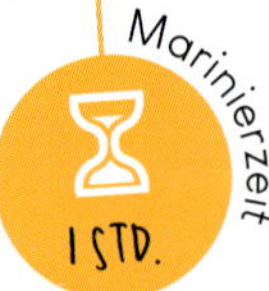

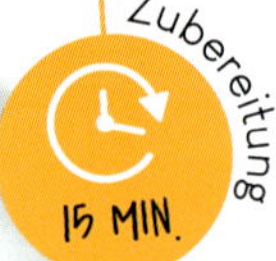

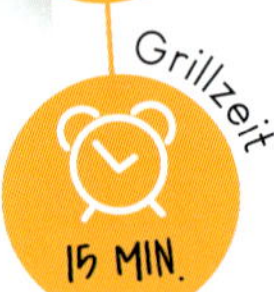

DIE SAUCE IST ZUGLEICH AUCH DIE MARINADE

Hähnchen-Spiesse MIT HONEY-MUSTARD-SAUCE

5 SPIESSE

ZUBEHÖR: 5 HOLZSPIESSE

ZUTATEN

500–600 g Hähnchenfleisch

FÜR DIE MARINADE

1	Knoblauchzehe
50 g	Senf, scharf o. mittelscharf
20 g	Honig
1 EL	brauner Zucker
10 g	Apfelessig
20 g	Tomatenketchup
1 TL	Knoblauchpulver
1 TL	Worcestersauce
etwas	Chiliflocken
etwas	Pfeffer, gem.

ZUBEREITUNG

Hähnchenfleisch in Würfel schneiden.
Für die Marinade Knoblauchzehe in den Mixtopf geben und **5 Sek./Stufe 6** hacken. Restliche Zutaten für die Marinade zugeben und **10 Sek./Stufe 3** verrühren. Die Hälfte der Marinade mit dem Hähnchenfleisch vermengen. Die andere Hälfte in eine Schüssel geben. Diese wird als Sauce dazu serviert.

Die Hähnchenwürfel ca. 1 Std. marinieren lassen. Gerne auch über Nacht. Dann auf Holzspieße stecken und 10–15 Min. grillen.

Pro Spieß:
16 kcal · 8 g KH · 29 g EW · 1 g Fett

Schaschlik-Spiesse mit Tomaten-Senf-Marinade

5 SPIESSE

ZUBEHÖR: 5 SPIESSE

ZUTATEN

1 kg Schweinenacken

FÜR DIE MARINADE

3 Knoblauchzehen
2 Gemüsezwiebeln, halbiert
2 TL Pfeffer, gem.
2 TL Salz
30 g Honig
25 g Senf, mittelscharf
1 TL Oregano, getr.
200 g passierte Tomaten

ZUBEREITUNG

Schweinenacken in Würfel schneiden. In eine Schüssel geben. Knoblauch im Mixtopf **5 Sek./Stufe 6** zerkleinern. Zwiebeln zugeben und **4 Sek./Stufe 4** grob hacken. Restliche Zutaten für die Marinade zugeben und **10 Sek./Stufe 3** mischen.

Die Marinade zum Fleisch geben, gut vermengen und dann auf Spieße stecken. Auf dem Grill ca. 20 Min. grillen. Dabei öfter wenden.

Pro Spieß:
490 kcal · 15 g KH · 37 g EW · 31 g Fett

Peruanisches Hähnchen mit grüner Sauce

Marinierzeit: 2–4 STD.

Zubereitung: 15 MIN.

Grillzeit: 15 MIN.

4 PORTIONEN

ZUTATEN

500-600 g Hähnchenbrust
3 Knoblauchzehen
50 g Sojasauce
20 g Olivenöl
1 EL Limettensaft
1 TL Kreuzkümmel, gem.
1 TL Paprikapulver, edelsüß
1 TL Oregano, getr.
1/4 TL Pfeffer, gem.

FÜR DIE SAUCE

1 Knoblauchzehe
1 grüne Chilischote, entkernt
2 Frühlingszwiebeln
1 Handvoll Koriander
100 g Mayonnaise
50 g Joghurt, griech. Art
1 EL Limettensaft
20 g Olivenöl
1/4 TL Salz
2 Msp. Pfeffer, gem.

TIPP! Die Sauce passt auch sehr gut zu gegrilltem Fisch oder Garnelen.

ZUBEREITUNG

Hähnchenfleisch in grobe Stücke schneiden. Ggf. einschneiden und aufklappen, falls das Fleisch zu dick ist. Knoblauchzehen im Mixtopf **5 Sek./Stufe 6** hacken. Restliche Zutaten für die Marinade zugeben und **5 Sek./Stufe 5** mixen. Marinade über das Fleisch geben und mehrere Stunden durchziehen lassen (gerne auch über Nacht).

Für die grüne Sauce Knoblauch und Chilischote im Mixtopf **5 Sek./Stufe 6** zerkleinern. Frühlingszwiebeln und Koriander zugeben und ebenso **5 Sek./Stufe 6** zerkleinern. Restliche Zutaten für die Sauce zugeben und **10 Sek./Stufe 6** mixen. Alles mit dem Spatel nach unten schieben und nochmal **40 Sek./Stufe 3** verrühren. In eine Schale füllen und zum gegrillten Hähnchen servieren.

Hähnchen – pro Portion:
233 kcal · 4 g KH · 37 g EW · 8 g Fett

Grüne Sauce – pro Portion:
244 kcal · 2 g KH · 2 g EW · 25 g Fett

Flanksteak Pinwheels

12 STÜCK

ZUBEHÖR: 12 HOLZSPIESSE, KÜCHENGARN

ZUTATEN

1 kg	Flanksteak, vom Metzger dünn aufgeschnitten
etwas	Salz & Pfeffer

FÜR DIE FÜLLUNG

175 g Mozzarella, in Scheiben
1 Handvoll Babyspinatblätter
60 g getrocknete Tomaten, in Öl

FÜR DIE WÜRZMISCHUNG

1 TL	Salz
1/2 TL	Pfeffer, gem.
1 TL	Knoblauchpulver
1 TL	Paprikapulver, geräuchert
1 TL	brauner Zucker
1/2 TL	Kreuzkümmel, gem.
1/2 TL	Chiliflocken

ZUBEREITUNG

Flanksteak mit Salz und Pfeffer würzen. Mit Mozzarellascheiben belegen, Spinatblätter darauf geben und mit getrockneten Tomaten belegen. Eng aufrollen und mit Fäden fixieren.

Für die Würzmischung alle Gewürze gut vermengen. Die Steakrolle darin wälzen. Anschließend in 12 Scheiben schneiden und mit Holzspießen fixieren. Pinwheels 3–4 Min. pro Seite bei hoher Hitze grillen.

Pro Stück:
174 kcal · 2 g KH · 22 g EW · 8 g Fett

BACON-BRIE
MIT MANGO-CHUTNEY

Zubereitung 45 MIN.

Grillzeit 8 MIN.

4 PORTIONEN

ZUTATEN

2	Brie, rund (à 150 g)
150 g	Serrano-Schinken
etwas	Petersilie

FÜR DAS CHUTNEY

1	Knoblauchzehe
1/2	rote Chilischote
1 Stück	Ingwer (8 g)
1 TL	Senfkörner
1 EL	Olivenöl
1	reife Mango (300 g Fruchtfleisch)
50 g	brauner Zucker
20 g	Apfelessig
1/2	Orange, Saft davon
1	Limette, Saft davon
1/2 TL	Chiliflocken
etwas	Salz

TIPP! Das Mango-Chutney ist im Kühlschrank bis zu einer Woche haltbar.

ZUBEREITUNG

Zuerst Mango-Chutney zubereiten, hierfür Knoblauch, Chili und Ingwer im Mixtopf **5 Sek./Stufe 6** zerkleinern. Senfkörner und Öl zugeben und das Ganze **2 Min./Varoma/Stufe 1** dünsten. Mango klein würfeln und zusammen mit den restlichen Zutaten zugeben. Das Ganze **30 Min./100°C/Stufe 1** kochen. Danach in eine Schüssel oder ein Schraubglas füllen und abkühlen lassen.

Brie mit Serrano-Schinken umwickeln und auf dem Grill bei direkter Hitze von jeder Seite 3–4 Min. grillen. Gegrillten Brie mit Chutney und gehackter Petersilie bestreut servieren.

Brie – pro Portion:
328 kcal · 1 g KH · 28 g EW · 24 g Fett

Mango-Chutney – pro Portion:
147 kcal · 24 g KH · 1 g EW · 4 g Fett

FÜR 600–800 G FLEISCH

HÄHNCHEN ASADO Marinade

Marinierzeit 2–4 STD.

Zubereitung 5 MIN.

ZUTATEN

1 gestr. EL	Meersalz
1 EL	Paprikapulver, edelsüß
1 TL	Petersilie, getr.
1 TL	Koriander, getr.
1 TL	Oregano, getr.
1 TL	Majoran, getr.
1 TL	Knoblauchpulver
1/2 TL	weißer Pfeffer, gem.
1/2	Orange, Saft davon
1/2	Limette, Saft davon
2 EL	Olivenöl

ZUBEREITUNG

Alle Zutaten für die Marinade in eine Schüssel geben und verrühren. Hähnchenfleisch mit der Mariande vermengen und mehrere Stunden durchziehen lassen.

Sie können hier Putensteaks, Hähnchenschnitzel oder Hähnchenbrust verwenden. Das Fleisch kann auch in Würfel für einen Hähnchenspieß geschnitten werden, auch sehr lecker.

Gesamt:
416 kcal · 25 g KH · 7 g EW · 32 g Fett

FÜR 600–800 G FLEISCH

JOGHURT-MARINADE

ZUTATEN

150 g	Joghurt, griech. Art
1 EL	Tomatenketchup
2 TL	Senf, mittelscharf
1 TL	Currypulver
1 TL	Paprikapulver, edelsüß
1 EL	Öl
1/2 TL	Salz
1/4 TL	weißer Pfeffer, gem.
1 TL	Worcestersauce

ZUBEREITUNG

Alle Zutaten miteinander vermengen und das Hähnchenfleisch darin 3–5 Stunden oder gerne auch über Nacht marinieren.

Gesamt:
335 kcal · 14 g KH · 7 g EW · 29 g Fett

KAPITEL 4

Fisch und Meeresfrüchte

TIPP!

Lachsfilet eignet sich auch sehr gut zum Grillen. Eine tolle Marinade lässt sich mit folgenden Zutaten anrühren:
3 EL Olivenöl, 2 EL Limettensaft, etwas Salz & Pfeffer, ein paar Chiliflocken, etwas Knoblauchpulver sowie ein paar Kräuter nach Belieben wie z.B. Thymian und Oregano.

Lachs-Spiesse

Zubereitung 15 MIN.

Grillzeit 10 MIN.

5 SPIESSE

ZUBEHÖR: 5 HOLZSPIESSE

ZUTATEN

300 g Lachsfilet
1/2 gelbe Paprika
1/2 rote Zwiebel
5 Cocktailtomaten

FÜR DIE MARINADE

1 Knoblauchzehe
1 Handvoll Petersilie
1 EL Öl
1 TL Fischsauce
1 TL Currypulver
1 EL Limettensaft
etwas Salz & Pfeffer

TIPP
Auch lecker mit Garnelen!

ZUBEREITUNG

Lachsfilet und Paprika in Würfel schneiden. Zwiebel in Spalten schneiden. Alles im Wechsel mit den Cocktailtomaten auf 5 Spieße stecken.

Für die Marinade Knoblauch und Petersilie im Mixtopf **5 Sek./Stufe 6** hacken. Restliche Zutaten für die Marinade zugeben und **10 Sek./Stufe 3** mixen. Die Spieße mit der Marinade bepinseln und auf dem Grill bei direkter Hitze ca. 10 Min. grillen. Dabei immer wieder wenden.

Pro Spieß:
151 kcal · 3 g KH · 13 g EW · 10 g Fett

GARNELEN-PFANNE

4 PORTIONEN

TIPP! Dazu passt perfekt frisch gebackenes Baguette.

ZUTATEN

250 g Garnelen (küchenfertig)
200 g Cocktailtomaten
etwas Öl zum Braten

FÜR DIE SAUCE

1/2 Zwiebel
2 Knoblauchzehen
1/2 rote Chilischote, entkernt
1 Handvoll Dill
1 Handvoll Koriander o. Petersilie
50 g Weißwein, trocken
50 g Wasser
1 TL Gemüsebrühpulver
15 g Tomatenmark
1 TL Sojasauce
1/2 TL Paprikapulver, geräuchert
etwas Salz & Pfeffer

ZUBEREITUNG

Zuerst die Sauce zubereiten. Zwiebel, Knoblauch, Chili, Dill und Koriander im Mixtopf **5 Sek./Stufe 6** hacken. Restliche Saucenzutaten zugeben und **10 Sek./Stufe 4** mixen. Umfüllen.

Cocktailtomaten halbieren und in eine Schüssel geben. Nun eine Grillpfanne oder Wok auf dem Grill mit etwas Öl erhitzen. Garnelen darin etwas anbraten. Cocktailtomaten und Sauce zugeben und ca. 5 Min. köcheln lassen. Dazu passt Weißbrot oder Baguette.

Pro Portion:
99 kcal · 4 g KH · 11 g EW · 3 g Fett

SHRIMP BURGER
KOREAN STYLE

4 BURGER

FÜR DIE PATTIES

2	Knoblauchzehen
1 Handvoll Koriander	
1/2	grüne Chilischote, entkernt
300 g	Garnelen, roh, geschält, entdarmt
1	Ei
60 g	Paniermehl
1 TL	Paprikapulver, rosenscharf
1/2 TL	Kurkuma, gem.
etwas	Salz & Pfeffer

AUSSERDEM

4	Schmelzkäsescheiben (Cheddar)
4	Brioche-Burgerbrötchen
8 Scheiben Salatgurke	
40 g	Rucola
etwas	Rotkraut, fein gehobelt

FÜR DIE SAUCE

60 g	Mayonnaise
40 g	Joghurt, 10% Fett
1 EL	Honig
1 TL	rote Thai-Currypaste
1 TL	Zitronensaft
etwas	Salz & Pfeffer

ZUBEREITUNG

Für die Patties Knoblauch, Koriander und Chilischote im Mixtopf **5 Sek./Stufe 6** hacken. Garnelen und Ei zugeben und **5 Sek./Stufe 5** zerkleinern. Paniermehl und Gewürze zugeben und **10 Sek./Stufe 3** mischen. Masse in 4 Portionen teilen, zu Patties formen und nochmal in etwas Paniermehl drücken.
Zutaten für die Sauce in einer Schüssel verrühren.

Die Patties auf dem Grill 10-15 Min. grillen, dabei öfters wenden. Dann je eine Scheibe Käse darauf legen und bei indirekter Hitze ziehen lassen. Die Burgerbrötchen ebenso bei indirekter Hitze erwärmen. Die Brötchen mit Gurke, Rucola und Rotkraut sowie mit einem Patty belegen. Burgersauce darüber geben und genießen.

Pro Burger:
534 kcal · 45 g KH · 29 g EW · 26 g Fett

CHORIZO-Seeteufel-Spiesse

Zubereitung 20 MIN.

Grillzeit 8 MIN.

4 SPIESSE

ZUBEHÖR: 4 LANGE SPIESSE

FÜR DIE SPIESSE

450 g	Seeteufel
150 g	Chorizo
150 g	rote Paprika
etwas	Öl
etwas	Paprikapulver, geräuchert
etwas	Salz & Pfeffer

FÜR DIE SALSA

1 Handvoll	Koriander (altern. Petersilie)
1 kl.	Apfel
2	Frühlingszwiebeln
1 EL	Olivenöl
1 EL	Weißweinessig
1 TL	Honig
etwas	Salz & Pfeffer

FÜR DEN DIP

150 g	Joghurt, griech. Art
60 g	Salatgurke
1 TL	Zitronensaft
etwas	Salz & Pfeffer

ZUBEREITUNG

Für die Salsa Koriander hacken, Apfel klein würfeln und Frühlingszwiebel in Ringe schneiden. Alles zusammen mit restlichen Zutaten in einer Schüssel vermengen.

Für den Dip Gurke im Mixtopf **5 Sek./Stufe 6** hacken. Restliche Zutaten für den Dip zugeben und **10 Sek./Stufe 3** vermengen. In eine Schüssel umfüllen.

Für die Spieße Seeteufel, Chorizo und Paprika in Stücke schneiden und im Wechsel auf Spieße aufstecken. Mit Salz, Pfeffer und Paprikapulver würzen und mit etwas Öl bepinseln. Spieße am Grill bei direkter Hitze unter Wenden ca. 6-8 Min. grillen.

Pro Spieß:
253 kcal · 3 g KH · 25 g EW · 16 g Fett

Salsa - pro Portion:
58 kcal · 5 g KH · 1 g EW · 4 g Fett

Dip - pro Portion:
51 kcal · 1 g KH · 3 g EW · 4 g Fett

FRUCHTIGE Garnelen-Spiesse

6 SPIESSE

ZUBEHÖR: 6 HOLZSPIESSE

FÜR DIE SPIESSE

100 g	Ananas
250 g	Garnelen, roh, geschält, entdarmt
etwas	Salz & Pfeffer
etwas	Kurkuma, gem.
etwas	Öl

FÜR DIE ZITRONEN-AIOLI

1 Handvoll	Koriander (altern. Petersilie)
1	Knoblauchzehe
80 g	Mayonnaise
1 TL	Zitronensaft
etwas	Zitronenschalenabrieb
etwas	Salz & Pfeffer

ZUBEREITUNG

Für die Aioli Koriander und Knoblauch im Mixtopf **5 Sek./Stufe 6** hacken. Restliche Zutaten für die Aioli zugeben und **10 Sek./Stufe 3** vermengen. In eine Schüssel umfüllen.

Für die Spieße Ananas in Stücke schneiden und im Wechsel mit den Garnelen aufspießen. Mit Salz, Pfeffer und Kurkuma würzen und mit etwas Öl bepinseln. Spieße am Grill bei direkter Hitze von beiden Seiten solange grillen, bis sie eine schöne Farbe bekommen haben.

Pro Spieß:
55 kcal · 2 g KH · 7 g EW · 2 g Fett

Zitronen-Aioli - pro Portion:
96 kcal · < 1 g KH · < 1 g EW · 10 g Fett

KAPITEL 5

Saucen und Grillbutter

– 4 Portionen –

RUCKZUCK Schmand-Sauce

Zubereitung
5 MIN.

ZUTATEN

200 g	Schmand
1 EL	Milch
1 EL	Sahne
etwas	Salz
1/2 TL	weißer Pfeffer, gem.
1 Bd.	Schnittlauch

ZUBEREITUNG

Schnittlauch in Röllchen schneiden und mit allen restlichen Zutaten gut verrühren. Fertig!

Hält sich im Kühlschrank 4–5 Tage.

Pro Portion:
137 kcal · 3 g KH · 2 g EW · 13 g Fett

– 4 Portionen –

RUCKZUCK Knoblauch-Sauce

Zubereitung 5 MIN.

HALTBARKEIT *4 Tage im Kühlschrank*

ZUTATEN

2	Knoblauchzehen
1 Handvoll	Petersillie
150 g	Crème fraîche
150 g	Naturjoghurt, 10%
1 EL	Mayonnaise
etwas	Salz
etwas	Peffer, gem.

ZUBEREITUNG

Knoblauchzehen und Petersilie im Mixtopf **5 Sek./Stufe 6** hacken. Restliche Zutaten zugeben und **10 Sek./Stufe 4** mixen. Fertig!

Pro Portion:
192 kcal · 3 g KH · 2 g EW · 18 g Fett

PAPRIKA-FETA-Sauce

Zubereitung 20 MIN.

Backzeit 25 MIN.

4 PORTIONEN

ZUTATEN

1	Knoblauchknolle
2	rote Paprika
6 kl.	Rispentomaten
2-3 EL	Öl
150 g	Fetakäse
etwas	Salz & Pfeffer
etwas	Chiliflocken

HALTBARKEIT
4-5 Tage im Kühlschrank

ZUBEREITUNG

Backofen auf 200°C Umluft vorheizen.

Von der Knoblauchknolle oben den Deckel abschneiden und die Knolle samt Schale in eine Auflaufform geben. Paprika halbieren und mit der Schnittfläche nach unten ebenso in die Auflaufform legen. Daneben die Tomaten platzieren. Nun 2-3 EL Öl über Knoblauch, Paprika und Tomaten gießen und das Ganze im vorgeheizten Backofen 25 Min. backen.

Strunk der Paprika entfernen und das Fruchtfleisch mit den Tomaten in den Mixtopf geben. Knoblauchzehen aus der Schale drücken und zugeben. Fetakäse in Stücken zusammen mit den restliche Zutaten zugeben und das Ganze **30-40 Sek./Stufe 9** pürieren. In eine Schüssel geben und servieren.

Pro Portion:
216 kcal · 8 g KH · 8 g EW · 16 g Fett

– 6 Portionen –

SCHNELLE Curry-Sauce

ZUTATEN

100 g Sahne
100 g Kräuter Crème fraîche
20 g Tomatenmark
1 EL passierte Tomaten
2 EL Currypulver
1/4 TL Cayennepfeffer
1/4 TL Salz
etwas gehackte Petersilie
1 Spritzer Zitronensaft

ZUBEREITUNG

Rühraufsatz in den Mixtopf einsetzen. Sahne zugeben und **30 Sek./Stufe 3.5** etwas aufschlagen. Rühraufsatz entfernen. Restliche Zutaten zugeben und **15 Sek./Stufe 3.5** vermengen.

In eine Schüssel umfüllen und 3-4 Stunden im Kühlschrank durchziehen lassen.

Pro Portion:
111 kcal · 4 g KH · 2 g EW · 10 g Fett

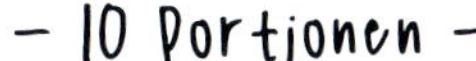

SWEET ONION Sauce

ZUTATEN

175 g	Zwiebeln
15 g	Senf, mittelscharf
250 g	Tomatenketchup
1 EL	Salz
1 TL	Worcestersauce
100 g	Weißweinessig
250 g	brauner Zucker
etwas	Pfeffer, gem.

ZUBEREITUNG

Zwiebeln in Stücken in den Mixtopf geben und **5 Sek./Stufe 6** zerkleinern. Senf, Ketchup, Salz, Worcestersauce und Essig zugeben und **30 Min./100°C/Stufe 1** kochen. Dabei den Messbecher nicht in das Deckelloch einsetzen, sondern den Gareinsatz als Spritzschutz auf das Deckelloch stellen.

Zum Schluss braunen Zucker und etwas Pfeffer zugeben und nochmals **5 Min./100°C/Stufe 1** kochen. Sofort heiß in eine saubere Flasche oder Schraubglas abfüllen und verschließen. Hält sich so mehrere Wochen.

Pro Portion:
131 kcal · 31 g KH · 1 g EW · < 1 g Fett

Grill-Butter

Zubereitung 10 MIN.

HALTBARKEIT
5–7 Tage im Kühlschrank

10 PORTIONEN

Zutaten

2	Knoblauchzehen
25 g	rote Zwiebel
1	Frühlingszwiebel
1 Handvoll Petersilie	
1 EL	Öl
150 g	Butter, in Stücken
1 TL	Senf, mittelscharf
1 TL	Tomatenmark
1/2 TL	Salz
1/4 TL	Pfeffer, gem.
1/2 TL	Chiliflocken

TIPP! Diese Grillbutter ist vielseitig einsetzbar, ob auf gegrilltem Brot, Fleisch oder Fisch. Sie harmoniert perfekt mit allem und lässt sich außerdem problemlos einfrieren.

Zubereitung

Knoblauchzehen, Zwiebel, Frühlingszwiebel und Petersilie im Mixtopf **5 Sek./Stufe 7** zerkleinern. Öl zugeben und **1 Min./Varoma/Stufe 1** dünsten. Mixtopfdeckel abnehmen und 5 Min. abkühlen lassen.

Butter zugeben und **10 Sek./Stufe 6** vermengen. Restliche Zutaten zugeben und **15 Sek./Stufe 5** mixen. In eine Schüssel füllen und bis zum Servieren kalt stellen.

Pro Portion:
121 kcal · < 1 g KH · < 1 g EW · 13 g Fett

– 3 Portionen –

ORIGINAL Zaziki

Das Rezept kann verdoppelt oder vervierfacht werden

Zubereitung 30 MIN.

ZUTATEN

250 g Joghurt, griech. Art
1 TL Olivenöl
1/2 TL Zitronensaft
1 kl. Knoblauchzehe
1 kl. Handvoll Dill
50 g Salatgurke
1/2 TL Meersalz
etwas Pfeffer, frisch gem.

ZUBEREITUNG

Joghurt, Öl und Zitronensaft in eine Schüssel geben und verrühren.

Knoblauchzehe und Dill im Mixtopf **5 Sek./Stufe 6** zerkleinern. Gurke, Salz und etwas Pfeffer zugeben und **5 Sek./Stufe 6** mixen. Im Mixtopf 20 Min. ziehen lassen.

Gurkenmasse danach über einem Sieb absieben. Abgesiebte Masse zum Joghurt geben und gut vermengen. Bis zum Servieren in den Kühlschrank stellen.

Pro Portion:
123 kcal · 4 g KH · 3 g EW · 10 g Fett

– 4 Portionen –

ROTE JOGHURT-SAUCE MIT DILL UND PETERSILIE

Zubereitung 5 MIN.

HALTBARKEIT 2-3 Tage im Kühlschrank

ZUTATEN

1	Knoblauchzehe
etwas	Dill
etwas	Petersilie
125 g	Naturjoghurt, 10%
75 g	Mayonnaise
30 g	Tomatenketchup
1 TL	Zitronensaft
1/2 TL	Zucker
1/4 TL	Salz
1 TL	Paprikapulver, edelsüß
1/4 TL	Currypulver

ZUBEREITUNG

Knoblauch und Kräuter in den Mixtopf geben und **5 Sek./Stufe 6** hacken. Restliche Zutaten zugeben und **20 Sek./Stufe 3** mixen.

Pro Portion:
185 kcal · 4 g KH · 2 g EW · 18 g Fett

CHILI-KNOBLAUCH-ÖL

500 ML

ZUTATEN

5 Schalotten
12 Knoblauchzehen
15 g brauner Zucker
15 g Paprikapulver, geräuchert
50 g getr. Chiliflocken, mild
30 g Sojasauce
350 g neutrales Öl

Schalotten halbieren und in Ringe schneiden. Knoblauchzehen in dünne Scheiben schneiden. Alles zusammen mit Zucker, Paprikapulver, Chiliflocken und Sojasauce in eine Schüssel geben (s. Bild).

Öl in einem Kochtopf auf 170–180 °C erhitzen (Küchenthermometer zu Hilfe nehmen) und über das Chili-Knoblauch-Gemisch gießen. **Achtung!** Sprudelt und ist sehr heiß! Sobald es aufgehört hat zu sprudeln, kann das Öl in ein steriles Schraubglas gefüllt werden.

TIPP! Das Öl passt zu gegrilltem Fleisch oder Fisch. Auch zum Verfeinern von Marinaden oder auf gegrilltem Brot sehr lecker. Im Kühlschrank aufbewahrt 3 Monate haltbar.

REZEPTIDEE Für eine schnelle cremige Sauce: 1 EL des fertigen Öls mit 50 g Frischkäse und 50 g Mayonnaise verrühren.

Pro Portion (20 ml):
126 kcal · 2 g KH · 1 g EW · 13 g Fett

HOT HONEY Ranch-Sauce

10 PORTIONEN

TIPP! Die Sauce passt sowohl zu Fleisch, Fisch, als auch zu Gemüse. Ein Rezept für Gemüsespieße finden Sie auf Seite 24.

ZUTATEN

2	Knoblauchzehen
30 g	Zwiebel
100 g	Öl, neutral
1 TL	Sesamsamen
1 geh. EL Chiliflocken (10 g)	
200 g	Joghurt, griech. Art
1 EL	Honig
1 TL	Knoblauchpulver
1 TL	Zwiebelpulver
1 TL	Dill, getr.
1 TL	Senf, mittelscharf
etwas	Salz & Pfeffer
etwas	frische Petersilie, gehackt

ZUBEREITUNG

Knoblauch und Zwiebel in den Mixtopf geben und **5 Sek./Stufe 6** hacken.
Öl, Sesam und Chiliflocken zugeben und **3 Min./Varoma/Stufe 1** erhitzen.
10 Min. abkühlen lassen.

Restliche Zutaten zugeben und **10 Sek./Stufe 3** mixen.
In ein Schraubglas oder eine Schüssel füllen und kalt stellen.

Pro Portion:
120 kcal · 3 g KH · 1 g EW · 11 g Fett

IMPRESSUM

© C. T. Wild Verlag & Handel GmbH
Saueracker 7, D-93309 Kelheim
Tel. 09441 703772-0
Email: info@mixgenuss.de
www.mixgenuss.de

2. Auflage - Juli 2024
ISBN-Nr.: 978-3-96181-065-9

Autorin: Corinna Wild
Gestaltung & Layout: Eva Gruber

Rezeptfotos: © Corinna Wild
Bilder von Adobe Stock: © nataliahubbert, © val_iva, © koroleva8, © monamonash, © Olga Serova, © julkapulka13, © exclusive-design, © Sonya illustration, © lenavetka87, © squarelogo, © davooda

Druck & Bindung:
bonitasprint GmbH, 92224 Amberg

natureOffice.com/DE-204-NJYE8TY

– PLATZ FÜR EIGENE EINTRAGUNGEN –